I0450744

Domingo Faustino Sarmiento

El general
fray Félix Aldao

Barcelona **2024**
Linkgua-ediciones.com

Créditos

Título original: El general fray Félix Aldao.

© 2024, Red ediciones S.L.

e-mail: info@red-ediciones.com

Diseño de cubierta: Michel Mallard.

ISBN rústica: 978-84-9816-466-4.
ISBN ebook: 978-84-9897-664-9.

Cualquier forma de reproducción, distribución, comunicación pública o transformación de esta obra solo puede ser realizada con la autorización de sus titulares, salvo excepción prevista por la ley. Diríjase a CEDRO (Centro Español de Derechos Reprográficos, www.cedro.org) si necesita fotocopiar, escanear o hacer copias digitales de algún fragmento de esta obra.

Sumario

Brevísima presentación

La vida

Domingo Faustino Sarmiento (1811-1888). Argentina.

Hijo de José Clemente Sarmiento, soldado del ejército de San Martín, y de Paula Zoila Albarracín. Tuvo quince hermanos y solo sobrevivieron seis.

En 1816 ingresó en la Escuela de la Patria. Estudió latín a los trece años, doctrina cristiana y geografía y trabajó para un ingeniero francés.

La Autobiografía de Benjamín Franklin influyó en él. En 1828 entró en el ejército a favor de los unitarios. Escribió mucho y con autoridad sobre temas militares. Se distinguió en el combate de Niquivil y sufrió arresto domiciliario hasta que en 1831 marchó a Chile. Allí fue minero durante tres años. Sin embargo, continuó sus estudios y tradujo obras de Walter Scott.

En 1842 el gobierno de Chile lo nombró director y organizador de la primera Escuela Normal de Preceptores de Santiago de Chile. Escribió en la prensa chilena bajo la influencia de Larra. Viajó a Madrid; Argel, Italia, Suiza, Alemania, Inglaterra, Estados Unidos y Canadá. Poco después se casó con Benita Martínez Pastoriza.

Fue representante de Argentina en los Estados Unidos. Estuvo tres años allí y se interesó por conocer su democracia, que había apreciado en su viaje anterior.

En 1880 fue candidato a la presidencia de la república.

El 8 de mayo de 1888 marchó a Paraguay en busca de un ambiente propicio para su salud. Murió unos días después.

El general

Este libro es una semblanza de la vida de Félix Aldao, una peculiar figura militar de la Argentina del siglo XIX. Ordenado sacerdote, tuvo varios hijos y vivió una vida disipada llena de amantes y alcohol.

Su participación en la batalla de Chacabuco, decisiva en la emancipación de Chile, fue valerosa.

Entre los acontecimientos que protagonizó estuvo la batalla en los Potreros de Hidalgo.

Aldao se hizo federal y combatió junto a Facundo Quiroga.

Estuvo en la paliza de Oncativo el 25 de febrero de 1825 y tras ser hecho prisionero y obtener su libertad se exilió en Bolivia.

Al tiempo volvió a Mendoza y alcanzó el cargo de gobernador.

El general fray Félix Aldao. Gobernador de Mendoza

Hace veintiocho años que tuvo lugar la escena que voy a referir. Eran las cinco de la tarde del 4 de febrero de 1847, hora en que el Sol, aún muy elevado en el cielo, echaba sus rayos de despedida en un oscuro y hondo valle que forman las ramificaciones de la cordillera de los Andes. El río de Aconcagua desciende por entre ellas de pedrisco en pedrisco interrumpiendo, con sus murmullos, el silencio de aquellas soledades alpinas. La vanguardia de la división del coronel Las Heras, que descendía a Chile por el camino de Uspallata, caminaba silenciosa por un sendero quebrado y erizado de puntas. La Guardia Vieja se divisaba en lo hondo del valle como un castillejo feudal, abandonado en la apariencia, pero ocultando un destacamento español que veía venir la columna de los insurgentes que se acercaban en silencio y apercibida para el combate. Dos descargas de detrás de las trincheras iniciaron la jornada; una compañía de Cazadores del Núm. 11 se acercaba tiroteando por la orilla del río hasta doce pasos de las murallas, mientras que otra desfilaba por las faldas escarpadas de un cerro para imposibilitar todo escape. Un momento después, la tropa de línea tomaba los parapetos a la bayoneta, y la Guardia Vieja presentaba todos los horrores del asalto. Treinta sables se veían en la orla de este cuadro subir y bajar en el aire con la velocidad y el brillo del relámpago; entre estos treinta granaderos a caballo mandados por el teniente José Aldao, y en lo más enmarañado de la refriega, veíase una figura extraña vestida de blanco, semejante a un fantasma, descargando sablazos en todas direcciones, con el encarnizamiento y la actividad de un guerrero implacable. Era el capellán segundo de la división que, arrastrado por el movimiento de las tropas, exaltado por el fuego del combate, había obedecido al fatídico grito de ¡a la carga!, precursor de matanza y exterminio cuando hería los oídos de los vencedores de San Lorenzo. Al regresar la vanguardia victoriosa al campamento fortificado que ocupaba el coronel Las Heras con el resto de su división, las chorreras de sangre, que cubrían el escapulario del capellán, revelaron a los ojos del jefe, que menos se había ocupado en auxiliar moribundos, que en aumentar el número de los muertos. «Padre, cada uno en su oficio: a Su Paternidad el breviario, a nosotros la espada.» Este reproche hizo una súbita impresión en el irascible capellán. Traía aún el cerquillo desmelenado y el rostro surcado por el sudor y el polvo; dio vuelta a su caballo en ademán de descontento, cabizbajo, los ojos encendidos de cólera y la boca contraída. Al desmontarse en el lugar de su alojamiento, dando un golpe con el sable que aún colgaba de su cintura, dijo como para sí mismo: ¡lo veremos!, y se recostó en las sinuosidades de una roca. Era éste el anuncio de una resolución irrevocable; los instintos naturales del individuo se habían revelado en el combate de la tarde, y manifestádose en la superficie con toda su verdad, a despecho del hábito de mansedumbre, o de una profesión errada; había derramado sangre humana, y saboreado el placer que sienten en ello las organizaciones inclinadas irresistiblemente a la destrucción. La guerra lo llamaba, lo atraía, y quería desembarazarse del molesto símbolo de humillación y de penitencia, quería cubrir sus sienes con los laureles del soldado; había resuelto ser militar como José y Francisco, sus hermanos, y en vez del pacífico valor del sacerdote que encamina al cielo el alma del guerrero moribundo, encaminar a la muerte a los enemigos de su patria. Y el temor del escándalo no era parte a retraerlo de esta resolución, pues muchos ejemplos análogos podía citar en su apoyo; el célebre ingeniero Beltrán, que iluminaba con antorchas bituminosas las hondonadas de la cordillera para facilitar en medio de la noche el pasaje de los torrentes, y que preparó después en Santiago los cohetes de la congréve que debían lanzarse sobre los castillos del Callao, era también un fraile que había colgado los hábitos a fin de hallarse más expedito para servir a la patria; por todas partes en América, sobre todo en México, se había visto curas y monjes ponerse a la cabeza de los insurgentes, aprovechándose del prestigio que su carácter sacerdotal les daba sobre las masas; últimamente, no era de devotos de los que podía acusarse a los ejércitos revolucionarios de la época que participaban del espíritu de la reacción que se apodera de los pueblos en las crisis sociales. Sus instintos naturales, por otra parte, habrían vencido al fin y al cabo una conciencia poco escrupulosa, aunque su resolución careciese de ejemplos tan influyentes y de una aquiescencia tan tolerante. De una familia pobre, pero decente, e hijo de un virtuoso vecino de Mendoza que había prestado muchos servicios como jefe de la frontera del sur, mostró desde su infancia una indocilidad turbulenta que

10

decidió a sus padres a dedicarlo a la carrera del sacerdocio, creyendo que los deberes de tan augusta misión reformaran aquellas malas inclinaciones. ¡Error lamentable! Su noviciado fue, como su infancia, una serie de actos de violencia y de inmoralidad. No obstante esto, recibió las órdenes sagradas del año de 1806 en Chile bajo el obispado del señor Marán, y el patrocinio del reverendísimo padre Velasco, dominico que le ayudó en su primera misa celebrada en Santiago. ¡Cuál debió ser su asombro al ver a su ahijado de órdenes, presentársele, al día siguiente de la batalla de Chacabuco, con el uniforme de granaderos a caballo, con el terrible sable a la cintura y los aires marciales que ostenta el soldado victorioso! «¡Un día te arrepentirás, malvado!», fue la exclamación que el horror de aquella profanación arrancó al buen sacerdote. Pero, desgraciadamente para él y para los pueblos argentinos, la profecía no ha sido justificada por los hechos, el apóstata murió en su cama; los honores de general le rodearon en su tumba, y su muerte, si no ha sido llorada, no ha satisfecho tampoco la justicia divina en la tierra.

El coronel Las Heras, en su parte oficial del combate de la Guardia Vieja, en cumplimiento de su deber había recomendado al fraile por haber rendido y hecho prisioneros a dos oficiales, lo que, según la ordenanza militar, constituye un título para merecer ascensos; y a su pedido, el fraile que en la Guardia Vieja hacía su primer ensayo como aficionado, pudo ya presentarse en la batalla de Chacabuco bajo el honroso carácter y uniforme de teniente, agregado a Granaderos a caballo, y optar a los laureles que ciñen la frente del guerrero; y aunque nunca pudo librarse de la denominación de el fraile con que el ejército y el público lo designó siempre, justificó desde sus primeros pasos en la escabrosa senda de la gloria, que no en vano ceñía una espada, y que había la patria rescatado un hijo que ayudaría poderosamente a su salvación. En todos los encuentros se mostró soldado intrépido, acuchillador terrible, enemigo implacable. La campaña de Chile, que concluyó con la completa expulsión de los españoles, fue para él un teatro glorioso en que ostentó su audacia característica y su sed de combates. Un hecho citaré que merece un lugar distinguido entre los muchos que ocurrían en aquella época de hazañas estupendas. En la persecución, que siguió a la batalla de Maipú, un granadero español, de talla gigantesca, se abría paso por entre centenares de enemigos que le precedían y rodeaban por todos lados; cada golpe de su terrible sable echaba un cadáver mutilado a tierra; un círculo vacío en derredor suyo mostraba bien a las claras el terror que inspiraba, y los vencedores todos, que habían pensado traspasarlo, habían pagado con la vida su temeridad. El valiente Lavalle lo seguía a corta distancia, y por confesión suya, sentía flaquear su valor romanesco cada vez que el calor de la persecución lo conducía a aproximársele demasiado. El teniente Aldao los alcanza, ve al terrible español, se lanza sobre él, y cuando sus compañeros esperaban verle caer abierto en dos, le ven parar el tremendo sablazo que le manda el granadero, y hundirle en seguida y revolverle hasta el puño en el corazón repetidas veces la espada. Mil vivas fueron la inmediata recompensa de su temerario arrojo.

Pero si el valiente apóstata honraba su nueva vocación por los hechos de armas, su conducta pudiera en otra época que aquella, haberle cubierto de baldón irreparable. Libre de la sujeción que hasta poco antes ponía a sus instintos el carácter sacerdotal, ansioso de goces, y acaso impulsado al desorden por aquella necesidad de conmociones fuertes que sienten para adormecer su conciencia los hombres que se han aventurado a dar un paso reprensible, el fraile se hizo notar desde luego por el desenfreno de sus costumbres, en las que la embriaguez, el juego y las mujeres entraban a formar el fondo de su existencia; y sin duda que pasara por alto estas tachas que afean su vida, y que, sin embargo, eran tolerables en aquellos días de conmociones y entre hombres que necesitaban resarcirse de los padecimientos y privaciones que les imponía una profesión de hierro, si estos vicios no hubiesen sobrevivido en él a las excitaciones que atenuaban su fealdad, influido en los principales acontecimientos de su vida, cubierto de ignominia a un pueblo entero, y conducídolo y acompañádolo hasta el sepulcro.

Aun entre sus compañeros de armas agotó la abundante indulgencia con que se miraban entonces aquellos desórdenes, y los jefes cuidaron siempre de aprovecharse de su valor, alejándole, sin embargo, del teatro principal de la acción. Cualesquiera que sean las ideas de un hombre, siente cierta repugnancia al ver a un sacerdote manchado en sangre, y entregado a la crápula y a los vicios. San Martín siempre lo tuvo o agregado a los cuerpos o en comisiones especiales.

12

La expedición libertadora que zarpó de Valparaíso a las órdenes de San Martín a sustraer el Perú de la dominación española, le contó en sus filas como capitán agregado a Granaderos a caballo. En aquel país, residencia entonces del grueso de las fuerzas españolas, el ejército libertador necesitaba auxiliares que de todas partes hostilizasen al enemigo y proveyesen de recursos al ejército. Con este fin se organizaron en la Sierra bandas de guerrilleros, montoneras o republiquetas, como solían llamarse, que mantuviesen en continua alarma a los realistas. Necisitábase, para acaudillarlas, hombres decididos que lo intentasen todo, y para quienes todos los medios fuesen buenos, incluso el pillaje, el asesinato y todo género de violencias. El capitán Aldao, después de haberse hallado en los encuentros de Laca y de Pasco, fue destacado a levantar una de aquellas bandas, y obrar separadamente, según se lo aconsejasen las circunstancias. Dueño allí de sí mismo y sin autoridad alguna que pesase sobre él, es fácil concebir que los actos de violencias y la satisfacción de pasiones desarregladas, encontrarían víctimas y pábulo en poblaciones tímidas e incapaces de resistir. Un hecho notable y que lo caracteriza suficientemente tuvo lugar durante su mansión en aquellos parajes apartados. Habíase propuesto defender con sus indios el pasaje del puente de Iscuchaca; pero al aproximarse un destacamento español, más de mil indígenas huyen cobardemente malogrando su ventajosa posición, y entregando sin resistencia al enemigo un punto importante. El jefe, enfurecido, y no pudiendo contener a los fugitivos, se echa sobre ellos como un león sobre un rebaño de ovejas, y no deja de matar indios sino cuando ha marcado su pasaje por entre la multitud con una larga calle de cadáveres y de heridos que caen a ambos lados a los repetidos golpes de su sable. Por sangriento que hubiese sido un combate en el puente, y por más efectivo el fuego de los españoles, habrían perecido menos hombres que los que quedaron en aquel campo, víctimas de la cólera de uno solo.

Los acontecimientos, que dieron lugar a la disolución del ejército de San Martín, hicieron inútil su mansión en la Sierra; y con el grado efectivo de teniente coronel bajó a Lima, donde la fortuna lo favoreció en el juego hasta poner en sus manos un gran caudal. Con esta adquisición se separó del ejército en 1823, y se dirigió a Pasco, por motivos que ignoro. Allí conoció a una joven de familia decente, de figura agradable, que realzaban quince años y las gracias que distinguen a las mujeres peruanas; y el fraile teniente coronel, cansado de combates y amansado por los dones de la fortuna, sintió encenderse en su corazón una amorosa llama que prendió bien pronto en el del objeto que la había excitado. No fue ésta una de tantas afecciones pasajeras como las que cruzan, cual ráfagas luminosas, por la vida amasada de fatigas y de sufrimientos de un militar aventurero; era una pasión profunda, irritada aún más por la imposibilidad en que su apostasía le ponía de santificarla con los indisolubles vínculos del matrimonio. Afortunadamente para él, aquella joven tuvo suficiente abnegación para aceptar el humillante carácter de querida de un militar cuyas charreteras no alcanzaban a cubrir el feo borrón de la apostasía; y sacrificándole patria y familia, se dejó robar, acompañando al que bien a su pesar no podía ser su esposo, a tierra extranjera, para ocultar allí, si era posible, los sinsabores que les imponía una posición social que teñía con los colores del vicio una unión que hubiera podido ser santa sin los votos que había hollado su raptor sin alcanzar a romperlos. Aldao vino a fijarse en San Felipe, capital de la provincia del Aconcagua, donde se consagró al comercio, llevando una vida regular, que en nada le distinguía de los demás vecinos. Pero la mal afortunada pareja estaba condenada a sufrir las consecuencias inevitables a su falsa posición, y la Iglesia, aquella esposa que había repudiado el apóstata, no podía verlo entregado a otra menos digna que ella. El cura Espinosa empieza a inquietarlo, le amenaza hacerlo conducir a Santiago con una barra de grillos, y entregarlo a la justicia del prelado de la orden a que había pertenecido, forzándole al fin a llevar a Mendoza, su patria, el escándalo de su ilegítima unión. ¿Por qué la sociedad y las leyes se manifiestan tan severas en casos, en que como éste, no hay medio que elegir, y en que lo que fuera un vicio en circunstancias ordinarias, es acaso una virtud recomendable? La Iglesia, por otra parte, se muestra implacable para con los ministros que abandonan sus filas y quieren pasar a las de la sociedad civil. Si el fraile Aldao hubiera podido legitimar su matrimonio, acaso sus pasiones, dulcificadas por los goces domésticos, le habrían retraído de los crímenes y desórdenes a que más tarde se abandonó por despecho, quizá por horror de sí mismo.

Aldao, al cruzar los Andes, debió de ser asaltado por los recuerdos que la vista de los lugares testigos de nuestras acciones despiertan siempre en el ánimo con la vivacidad de sucesos recientes. Las nevadas crestas de los Andes, que dividen hoy dos repúblicas, se alzaban también para él como el límite de dos fases distintas de su vida: el fraile dominico, el capellán, de aquel lado; de éste, el teniente coronel, el esposo ilegítimo de la mujer que traía a su lado. Acaso rodaban aún al viento por las breñas inmediatas algunos harapos deshilachados del hábito que por allí colgó seis años antes. Mendoza que le había visto, revestido de los ornamentos sacerdotales, ofrecer en los altares el incruento sacrificio, iba ahora a verle con charreteras en lugar de casulla sobre los hombres, y por cíngulo una espada. Las mujeres y los niños, al verle pasar, habrían de señalarle con el dedo, y con la sorpresa, la desaprobación y la novedad pintadas en sus semblantes, trasmitirse al oído esta injuriosa frase: ¡el fraile! Me detengo en estas consideraciones, porque esta circunstancia de ser irrevocablemente fraile el teniente coronel don Félix Aldao, convertida en apodo en boca del pueblo, ha influido poderosamente sobre su carácter y sus acciones posteriores. El desprecio que concitaba su posición equívoca estaba presente a sus ojos, y aun en la época de su tiranía, la palabra fraile lo hería como una mordedura. Aldao huyó siempre del público, y alimentó en secreto una especie de rencor contra la sociedad, tanto más temible, cuanto más reconcentrado era y menos posible desahogarse ni señalar la causa. A su llegada a Mendoza en 1824 tomó una hacienda apartada, donde se consagró a la industria con una actividad y una inteligencia que le hacen honor. Allí, lejos de las miradas del público, en el seno de su familia, podía verse llamado padre por sus hijos, sin más zozobra que el recuerdo amargo de que en otro sentido se le había llamado el padre Aldao. ¡Así, los goces de la paternidad fueron para él un suplicio y un acusador eterno! Desgraciadamente para él y su país, ni esta felicidad ficticia le fue dado gozar largo tiempo; el ruido de las armas y los ecos del clarín, que llamaban a la guerra civil, penetraron en su quieta morada, y lo echaron desde entonces y para siempre en la vida pública, de que no debía salir sino cargado de crímenes y abrumado de maldiciones.

Por entonces empezaban a agitarse en la República Argentina los elementos de destrucción que encerraba en su seno, y que más tarde han producido el gobierno sanguinario y despótico que hoy la ha hecho descender tanto. El gobierno nacional de Rivadavia en Buenos Aires, rodeado del brillo artificial, que tanto alucinó a sus adeptos, provocaba en el interior y en las masas resistencias sin nombre todavía. Las ambiciones estaban en germen, los caudillos no habían aparecido, los partidos no se delineaban bien, la envidia, que excita una ciudad poderosa y rica entre sus vecinas pobres y atrasadas, hablaba de federación; las preocupaciones españolas se encogían de hombros al ver desenvolverse el sistema reformador; los intereses materiales gritaban contra el comercio libre; la presidencia parecía una dominación extranjera. Por doquier se agitaba el caos; los nubarrones de la próxima tormenta asomaban torvos y negros en el horizonte; y como las aves que cruzan inquietas la atmósfera anuncian la próxima borrasca, los ánimos se agitaban por todas partes, la inquietud estaba pintada en los semblantes, y confusos murmullos que traía el viento llamaban en vano la atención; porque nadie comprendía lo que querían decir, nadie preveía el desenlace de los sucesos, aunque todos sintiesen el malestar general, que algo iba a suceder de notable o de siniestro.

De repente el trueno estalla en San Juan a los gritos de ¡viva la religión!, de unos cuantos soldados aleccionados para ello. El gobierno de Carril, que con una seriedad imperturbable parodiaba a Rivadavia, viene abajo a culatazos, y de la noche a la mañana se ven, un músico elevado a general, un zambo zapatero dictando leyes, y una especie de mono ridículo, un tal Carita por apodo, disponiendo de la suerte de un país. Qué sé yo de dónde desenterraron un viejo, godo empecinado, un Maradona, que diese algún barniz de decencia a este plebeyo movimiento; y desgraciadamente no faltaron sacerdotes ilusos que creyesen que se trataba de religión entre borrachos y miserables de la hez del pueblo, y que pusiesen la cruz al frente del movimiento que iniciaba la serie de crímenes que han llevado la República a la barbarie espantosa en que hoy se ve sumida. Doscientos ciudadanos fugaron a Mendoza, y allí requirieron en su auxilio el valor de los militares que habían regresado ya de Chile y del Perú. Don Félix Aldao fue solicitado entre otros, y se dice que opuso serias resistencias. El estrépito de armas debía recordarle acaso todas las contradicciones de su vida pasada, y el punto de partida siempre presente a sus ojos. ¿Por qué abandonar el asilo doméstico en que había logrado ocultar su infamia y su gloria a la vez? Aldao cedió sin embargo, y, a las órdenes de su hermano José, marchó a San Juan al frente de una expedición que obtuvo un fácil triunfo sobre una chusma fanatizada, pero que no tenía un jefe ni oficiales capaces de dirigir su arrojo. No entraré en detalles sobre lo que en San Juan sucedió: el partido liberal, creyéndose definitivamente victorioso, se abandonó a la persecución y a las injusticias, que ha pagado después muy caramente.

Los Aldao regresaron a Mendoza cubiertos de laureles y provistos del dinero que las larguezas de sus favorecidos les prodigaron, imponiendo contribuciones exorbitantes a sus enemigos. Pero los Aldao habían adquirido en esta expedición algo más que laureles y dinero; la conciencia de su poder, si se asociaban hermanablemente para ir a sus fines. Eran tres hermanos, coroneles, valientes los tres, inteligentes y capaces.

Este triunvirato de los Aldao ha ejercido en la República Argentina una ominosa influencia que nadie ha sabido apreciar hasta ahora. Después de reconquistado Chile, San Martín mandó a San Juan el Núm. 1° de los Andes a completar su efectivo, y crear un regimiento de Dragones, para aumentar el ejército que debía invadir al Perú. Los Aldao, José y Francisco, con otros revoltosos, consuman un motín militar que priva al ejército del auxilio de aquellos cuerpos; Zequeira, Bozo, Bezares, Salvadores, mueren asesinados, y el Número 1° y los Dragones, no habiendo logrado ocupar a Mendoza donde estaba el coronel Alvarado y algunas otras fuerzas del ejército, emprenden una retirada desastrosa hacia Tucumán, y se disuelven con la vergüenza de haber desertado sus banderas, y en la inmoralidad de la sedición. Esto sucedía el año 1820. En su tránsito por La Rioja, los dispersos se encuentran con un comandante de campaña que empezaba a figurar en las revueltas provinciales, y que estaba destinado a hacer resonar más tarde su terrible nombre en la historia argentina. Un gaucho pálido, de ojos negros y centelleantes, cerrado hasta los ojos de barba espesa, lustrosa y crespa como la melena de un león, tirotea los restos diseminados de aquellos cuerpos, protege la deserción, seduce a los soldados y los desarma. Un voto antiguo, un sueño tenido en la espesura de los enmarañados bosques de los Llanos se realiza, y de este modo la sedición con que los Aldao habían deshonrado los laureles de Chacabuco y Maipú, fue a despertar en las selvas al tigre que andaba rondando las habitaciones de los pueblos civilizados. Facundo Quiroga se hace de armas, y la barbarie colonial, las pasiones brutales de la muchedumbre ignorante, las ambiciones plebeyas, los hábitos de despotismo, las preocupaciones, la sed de sangre y de pillaje, en fin, habían hallado su caudillo, su héroe gaucho, su genio encarnado. Facundo Quiroga tenía ya armas, soldados no faltarían; un grito suyo iría de caverna en caverna, de bosque en bosque, retumbando por montes y llanos, y mil gauchos estarían con sus caballos.

¡Ah! Cuándo podrá escribirse la historia de la República Argentina, libre el ánimo de prevenciones de partido; y cuándo podrán leerla sus hijos, sentados en el hogar doméstico, sin un tiranuelo sombrío que les prive gozar a sus anchas del terrible drama de la revolución que abren los leopardos de Albión vencidos por mujeres, los leones de Castilla correteados por toda la América, ya que no les fue dado divisar el humo de nuestras habitaciones: y después de tanta gloria, Rivadavia, que no tuvo más defecto que haberse anticipado dos siglos a su época, asustando a sus contemporáneos cual visión sobrenatural, ridícula y fascinadora a la vez; más lejos, el terrible Facundo haciendo centellear sus ojos de fiera entre los bosques, de donde se lanza sobre la bestia de la Revolución para combatirla, hasta que entre la sangre de los hombres cultos y el polvo de las masas populares, se presenta en la Babilonia, encarnado en Rosas, el tirano más grande que ha producido el siglo XIX, que ha visto, sin comprenderlo, revivirse las sociedades de la Edad Media, y la doctrina de la igualdad armada de la cuchilla de Dantón y de Robespierre. Si la defensa de Montevideo cerrara gloriosamente el período revolucionario, podríamos presentarnos al mundo con un poema épico en lugar de historia, y con cuarenta años de revolución con todas las vicisitudes y elaboraciones que los Estados de Europa no han visto desenvolverse sino al través y al paso lento y penoso de mucho siglos. ¿Qué nos pedirían para saber si éramos nación? ¿Gloria? Bastaría trazar con la vista un círculo en el horizonte; el Brasil, Chile, Perú, Bolivia y los bárbaros del sur; ¡cuán grande es la América que nos rodea, por todas partes están nuestros trofeos y nuestros huesos! ¿Instituciones, luchas de ideas y de principios, de civilización y de barbarie, de libertad y de despotismo? Venid y recorred nuestro suelo; a cada legua un campo de batalla; ¡en cada charco de sangre una idea que ha sucumbido para levantarse en otra parte! ¿Porvenir? ¿Qué, no veis ese río que arrastra los tributos de cincuenta canales navegables, que recorren millares de leguas desde las montañas del Perú, Bolivia y del Brasil; esas pampas que pueden alimentar doscientos millones de toros; esos inmensos bosques, esos climas diversos que fecundan todas las producciones de la tierra? ¿Pedías población? Decidle a la Europa: aquí hay un pueblo libre, y en un siglo seremos innumerables como las arenas del mar; nuestras llanuras cultivadas pueden convidar a todos los habitantes de la tierra para un banquete; espacio y alimento habría para todos. ¿Pedís luces, hombres? ¡Oh, Dios que nos ocultáis los secretos del porvenir!, no nos los ocultéis: ahí se están preparando los destinos hispanoamericanos; algo mejor que la América del Norte o mil veces peor que la Rusia va a salir formidable de entre tantos escombros! ¡La Edad media otra vez, o algo grande que no ha visto el mundo en política! ¡La civilización francesa llevada en hombros de españoles de pro, o... Dios sabe qué!...

Los Aldao, José y Francisco, después de haber desquiciado el ejército libertador del Perú, promovido con los Carreras las revueltas en el interior, fueron cogidos y llevados presos a Lima, donde hubieran recibido el castigo de sus delitos, si el fraile, jefe de guerrillas en la Sierra, no hubiera descendido para interponer con San Martín a favor de ellos el mérito de sus servicios. Francisco, después de la batalla de Ayacucho, en que servía a las órdenes de Bolívar, regresó a Chile, donde fue contratado por agentes de Rivadavia para pasar a Mendoza a organizar una fuerza que debía desalojar a Facundo Quiroga que se había apoderado de San Juan. Había oído éste algo de católicos y de libertinos que se agitaba por allí, y no tardó mucho tiempo en enarbolar una bandera negra cortada por una cruz roja, con este mote: ¡Religión o Muerte! Y si es verdad que no llevó la religión a ninguna parte, es también cierto que la muerte seguía por doquier sus pasos, y las violencias y la destrucción conservaron largo tiempo el rastro de sus pisadas. Es curioso ver cómo estos caudillos inquietos buscaban una idea par encubrir sus ambiciones desordenadas. He visto una carta dirigida a Quiroga por un hombre político de los suyos: «No diga, general, religión o muerte, le escribía, eso ya no causa efecto. Federación, ahora; yo le daré una constitución y la llevaremos a todas partes en la punta de las lanzas!». Quiroga murió asesinado cuando estaba solicitando a los unitarios para destruir a Rosas y a los federales.

Francisco Aldao llegó a Mendoza con los 10.000 pesos que había recibido para la empresa contra Quiroga; pero una entrevista con sus hermanos le hizo cambiar de designio, y guardándose el dinero, asocióse a ellos para formar el triunvirato militar que tantas vidas ha costado a Mendoza y tantos ultrajes a la moral y a la civilización. Desde este momento, los Aldao, sin dar abiertamente la cara, trabajan en la realización de sus designios, pues que el campo estaba abierto a todas las ambiciones, y algo había de salir a la postre. Reciben la orden de levantar un regimiento para el ejército del Brasil, y la aceptan para servirse de ella para sus fines; llega el regimiento Núm. 18 en disciplina, que huía de San Juan al aproximarse Quiroga, y secretamente lo desorganizan y disuelven.

Un obstáculo, empero, se oponía a su ambición. Un vecino de Mendoza había criado un negrito criollo esclavo, que desde temprano había manifestado el talento y despejo que no es raro ver en los descendientes de raza africana; leía y escribía, y criado al lado de los amos, en contacto con ellos y oyéndoles sus conversaciones, había completado una educación suficiente para que el genio de que la naturaleza le había dotado, se revelase en la primera oportunidad. Principió por asistente de su amo, y siguiendo una escala de ascensos, vino a ser al fin comandante de un batallón de cívicos, lo que le ponía en contacto con las notabilidades de la época. El negro Barcala es una de las figuras más distinguidas de la revolución argentina, y una de las reputaciones más intachables que han cruzado esta época tan borrascosa, en que tan pocos son los que no quisieran arrancar una página del libro de sus acciones. Elevado por su mérito, nunca olvidó su color y origen; era un hombre eminentemente civilizado en sus maneras, gustos e ideas, y en Haití hubiera podido figurar al lado de Petion y de sus hombres más notables. Pero, lo que ha hecho de Barcala un personaje histórico, es un raro talento para la organización de cuerpos, y la habilidad con que hacía descender a las masas las ideas civilizadoras. Los pardos y los hombres de la plebe se transformaban en sus manos; la moral más pura, el vestir y los hábitos de los hombres decentes, el amor a la libertad y a las luces, distinguían a los oficiales y soldados de la escuela. En Mendoza ha costado muchos años y diezmar a los patricios, para borrar las profundas huellas que Barcala dejó en los ánimos; y en Córdoba la revolución de 1840 contra Rosas reunió un batallón de infantería numeroso y decidido hasta el martirio, a merced de un farol de retreta que tenía escrita esta palabra: ¡Barcala!

Acaba de llegar la noticia de que esos mismos cívicos de Córdoba han roto la horrible cadena que tenía encadenada la ciudad a una banda de malhechores, que componían el gobierno. El virtuoso negro había estado en Córdoba el año 1830, e iniciado a mil artesanos en el secreto de la igualdad bien entendida. Había muerto ya, pero su nombre era una idea profundamente grabada. ¡La mayor parte de sus discípulos han muerto! Todos los hombres oscuros, que se levantan en las revoluciones sociales, no sintiéndose capaces de elvarse al verdadero mérito, lo persiguen en los que lo poseen, y las masas populares, cuando llegan al poder, establecen la igualdad por las patas; el cordel nivelador se pone a la altura de la plebe, y ¡ay de las cabezas que lo excedan de una línea! En Francia en 1793 se guillotinaba a los que sabían leer, por aristócratas; en la República Argentina se les degüella, por salvajes, y aunque el chiste parezca ridículo, no lo es cuando el asesino, que os burla así, tiene el cuchillo fatal en la mano. Todos los caudillos del interior han despejado sus provincias de abogados, doctores y gentes de letras, y Rosas ha ido a perseguirlos hasta en las aulas de la universidad y en los colegios particulares. Los que quedan son gente útil, que sabe presentar decentemente ante los pueblos civilizados el gobierno español de Felipe II y de la Inquisición. Barcala se sintió con fuerzas para ser caballero, y lo consiguió con una conducta intachable y conocimientos profesionales y talentos estratégicos que lo colocaban entre los militares más cuadrados, según la célebre frase de Napoleón. En el ejército del Brasil se cubrió de gloria, y Paz y otros jefes de nota tenían por él un respeto que rayaba en veneración. Quiroga, que mandó fusilar a todos los oficiales prisioneros en la Ciudadela, respetó la vida del que le hizo fuego hasta que los restos de su batallón estuvieron cercados por todas partes y la retirada era de todo punto imposible. Llamado a su presencia, le ofreció la vida a trueque de servir bajo sus órdenes. «Acepto, contestó el caballero negro, con tal que no se me exija pelear contra mi partido.» Quiroga había conquistado todo un ejército.

De este hombre necesitaban deshacerse los Aldao; empresa no muy difícil, después que Lavalle, los Aldao y Barcala mismo se unieron para derrocar el gobierno de Albin Gutiérrez, que se había declarado contra el nacional.

Barcala y Lavalle marcharon sucesivamente a incorporarse al ejército de operaciones contra el imperio, y los Aldao se quedaron a cosechar las tristes glorias que resultan de oprimir pueblos, revolverlos, y entregarse sin obstáculo a los desórdenes y a los placeres que proporciona el poder.

Los triunviros se habían servido de todos los partidos y servido ellos mismos a todos, para desembarazarse de los hombres más influyentes. Consumada la revolución en favor del gobierno nacional, se entendieron con Quiroga para destruirlo. Terminada la Constitución de 1826 que el Congreso había discutido, se mandó a las provincias para su aceptación. Fue bien singular la recepción que de ella hizo Quiroga a nombre de San Juan, que por entonces ocupaba: en el centro de un potrero de alfalfa, dos o tres cueros de novillos sostenidos en lanzas hacían un toldo de indios para resguardar de los rayos del Sol al califa de los creyentes, al enviado de Dios, según lo llamaba un predicador; estaba Facundo tendido de bruces sobre una manta negra: vestía entonces calzoncillo añascado, bota de potro y espuela, chiripá de espumilla carmesí y manta de paño colorado; por toda insignia militar llevaba una gorrita con visera de oro macizo. El doctor Zavaleta, deán de la catedral de Buenos Aires y enviado del Congreso, fue presentado y recibido en aquel palacio; desconcertado en presencia del caudillo, que permanecía tendido y sin mirarlo, balbució algunas palabras sobre su augusta misión. Facundo alargó la mano, recibió la Constitución, y en caracteres de intento apenas inteligibles, puso en la tapa: despachado, y todo quedó concluido: prólogo fiel de la lucha que iba a seguirse entre la barbarie del interior y la civilización de Buenos Aires, entre la arbitrariedad y las garantías constitucionales. ¿Por qué no se redujeron en Buenos Aires a asegurar allá las instituciones liberales y esperar que el tiempo fuese trayendo poco a poco las ideas al interior? Porque despreciaban entonces el poder del despotismo y de la barbarie, que son, sin embargo, los dos poderes más terribles cuando se dan la mano. En Mendoza sucedió otra tanto, aunque con formas menos odiosas. El enviado del Congreso hizo una patética exposición de los males de la República, conjuró a todos los patriotas a unirse bajo una Constitución que aseguraba el orden y la armonía entre todos los gobiernos. Las lágrimas corrían de sus ojos, y de los del auditorio: pero había una resolución tomada de antemano, y una triple ambición que satisfacer. Volvióse, pues, sin haber alcanzado nada. Por todas partes fue recibida la Constitución del mismo modo; no por los pueblos, a quienes no se les dejaba levantar la voz, sino por los caudillos, que necesitaban libertad de obrar para desenvolverse. La Constitución los habría ahogado en germen aún. Se necesitaba campo para las ambiciones, pretextos para la guerra; religión los unos, federación los otros; ambición todos: he aquí los pretextos y la causa de esta resistencia taimada, que alejaba el debate y se negaba a escuchar todo raciocinio. El gobierno nacional cayó, y el célebre Dorrego ocupó la silla de gobierno de Buenos Aires. Los antiguos unitarios no han alcanzado a comprender que Dorrego, con su ambición y sus intrigas, era, sin embargo, el único que habría podido organizar la República bajo las formas parlamentarias, sin dar lugar a que ambiciones bárbaras y retrógradas vinieran con Rosas a incorporarla bajo la férula de un despotismo sanguinario, y que ahoga todo germen de civilización y de prosperidad. Dorrego era hijo de la cámara parlamentaria y de la prensa de oposición, y nunca habría destruido las armas con que con tanta gloria había derrotado a la presidencia. Peor fue que más tarde vino un gaucho de la pampa, y no comprendiendo nada de esa algarabía de libertades y garantías, dijo: esto se entiende así, y pasó a sus peones el cuchillo con que degollaban reses para degollar hombres. ¡Así se gobierna hoy la República, como las reses del matadero!

El 1° de diciembre de 1828 y la funesta victoria de Navarro avisaron a los caudillos del interior que de ellos se trataba. Se pasaron la palabra y se aprestaron al combate, los Aldao en Mendoza, y Facundo en los Llanos. Un regimiento llamado de Auxiliares empezó a disciplinarse en Mendoza a las órdenes del fraile-coronel, que gozaba de menos prestigio entre los triunviratos. Soldados de la independencia, sabían los prodigios que hace la disciplina, y los Auxiliares, vestidos con lujo, educados con rigor, fueron a ocupar el ala derecha en la famosa acción de La Tablada, en que 800 veteranos del ejército nacional a las órdenes del hábil general Paz, dejaron 3.000 enemigos muertos en un combate de dos días. Del regimiento de Auxiliares salvaron sesenta y cinco hombres, y su jefe herido de un balazo en el costado. Un hecho insignificante por sí mismo va a revelarnos al fraile siempre luchando con su conciencia y sus recuerdos. Llegado a San Luis, donde permaneció algunos días curando su herida, pidió una vez a su huésped libros que hablasen contra la religión, para entretenerse. ¿Quería pedir a los libros auxilios para aquietar los remordimientos que se levantaban en su alma cada vez que era desgraciado? Ya veremos más tarde que el apóstata creía todavía, y se consideraba sacerdote a despecho de sus charreteras y de su regimiento. Quiroga, derrotado, fue a esconderse en su guarida impenetrable de los Llanos. Pero muchos cambios se habían obrado en su ausencia; una división de San Juan, en marcha para Córdoba, se sublevó en el camino, y los unitarios se pusieron a su cabeza llenos de esperanza y ardor, pero bisoños en el arte de la guerra. Los dos Aldao que quedaban en Mendoza cayeron sobre ellos, y después de marchas y contramarchas, los vencieron sin disparar un tiro. De regreso a Mendoza, las tropas vencedoras, a la noticia de la victoria de La Tablada, se sublevaron y entregaron el poder al partido liberal, que no se mostró más cuerdo que en San Juan. Estos hombres ilusos se empeñaban en establecer desde luego las formas constitucionales que tanto ansiaban; el respeto a las vidas era un axioma, y las discusiones parlamentarias sus medios de acción. Sus enemigos aprovechaban de esta infatuación para burlarlos y volverlos a encadenar de nuevo. Organizóse un gobierno pomposo bajo la dirección del general Alvarado. Los hermanos José y Francisco combinaban desde la prisión los medios de rehacerse; el fraile se presentó a lo lejos, y con 60 hombres y hábiles intrigas abrió la campaña contra un gobierno que contaba con un general de prestigio a la cabeza, un pueblo entero fanatizado y dos mil hombres sobre las armas.

Los presos se fugaron en el intertanto, y las vías de conciliación tocadas por un gobierno desapercibido, solo sirvieron para proporcionar tiempo y recursos a los Aldao. La suerte estaba echada y el destino de Mendoza decidido. Un mes bastó para que el ejército fuese encerrado y además tiroteado en las calles. Facundo mandó de La Rioja algunos centenares de gauchos en auxilio de los tres coroneles mendocinos, que habían reunido una montonera considerable. La inacción a que el general Alvarado condenaba el ejército, llevó a la exasperación hasta el último punto, y una extraña revolución estalló en las tropas, pues lo que pedían era solo que las condujesen al combate. Al fin, la agonía misma de los que habían sacudido el poder de los Aldao les dio alientos, y salieron en busca de sus enemigos. En el Pilar, de lúgubre memoria, viéronse rodeados no bien habían tomado acantonamientos;

24

quemáronse en la tarde 20.000 tiros, y cien cañonazos fueron disparados de parte de los cercados; al día siguiente hasta las doce del día, igual estrépito, sin ningún éxito. Los Aldao sabían que las municiones se agotaban, y sus soldados se parapetaban detrás de tapias y murallas. Comunicaciones de Quiroga les recomendaban no tratar y no prometer nada. «Es preciso», les decía, «que tengamos el mayor número posible de enemigos, para sacar contribuciones.» Pero el pueblo de Mendoza, que oía el fuego incesante de dos días, creía que pocos habría vivos ya; y las mujeres desoladas corrían por las calles pidiendo a gritos que fueran los sacerdotes, los ancianos, los hombres de prestigio, a meterse entre los combatientes y separarlos. Una comisión de sacerdotes se acercó al lugar del combate, eligió un terreno neutral para tratar, y se convino en que todos se sometieran a un gobierno elegido por el pueblo. ¡Cómo debían reírse los Aldao del candor de sus enemigos! Estaban vencidos ya y presos, y siempre guardando los aires altivos de ciudadanos libres. Pero la Providencia no quiso permitir que la farsa se representase hasta el fin. Esta comedia debía concluir por una catástrofe que llenó de espanto a sus actores mismos.

Eran las tres y media de la tarde: ajustado el convenio, las tropas habían hecho pabellones, los oficiales andaban en grupos felicitándose de un desenlace tan fácil. Don Francisco Aldao se presenta en el campo enemigo, bienvenidas cordialmente amistosas lo saludan, entáblase una conversación animada, las chanzonetas y las pullas van y vienen entre hombres que en otro tiempo han sido amigos. Un momento después un emisario del fraile se presenta intimando rendición so pena de ser pasados a cuchillo; mil gritos de indignación partieron de todas partes; Francisco fue el blanco de los reproches más amargos. «¡Señores, decía con dignidad y confianza, no hay nada, es Félix que ya ha comido!», dando a estas palabras, que repitió varias veces, un énfasis particular, y a un ayudante la orden de avisar a Félix, que él estaba allí, que el menor amago de su parte era una violación del tratado. La alarma corrió por todo el campo a la voz «¡traición, traición!», de los soldados; los oficiales llamaban en vano a la formación, cuando seis balas de cañón arrojadas al grupo donde estaba Francisco, avisaron al campo que las hostilidades estaban rotas sin saberse por qué. Si los cañonazos demoran un solo minuto más, don José Aldao entra también al campo, pues lo sorprendieron en la puerta, de donde se volvió exclamando: «¡Este es Félix!, ¡ya está borracho!». En efecto, borracho estaba, como era su costumbre por las tardes; tres o cuatro días antes, había sido preciso cargarlo en un catre para salvarlo de las guerrillas enemigas que se aproximaban.

La confusión se introdujo en el campamento y la aproximación de los Auxiliares de don Félix y los Azules de San Juan completaron la derrota. Un momento después penetraba el fraile en el campo a tan poca costa tomado; sobre un cañón estaba un cadáver envuelto en una frazada; un presentimiento vago, un recuerdo confuso del mensaje de su hermano, le hace mandar que le destapen la cara. «¿Quién es éste?», pregunta a los que lo rodean. Los vapores del vino ofuscaban su vista a punto de no conocer al hermano, hace mandar que le destapen la cara al que tan brutalmente había sacrificado. Sus ayudantes tratan de alejarle de aquel triste espectáculo antes que reconozca el cadáver. «¿Quién es éste?», repite con tono decisivo. Entonces sabe que es Francisco. Al oír el nombre de su hermano, se endereza, la niebla de sus ojos se disipa, sacude la cabeza como si despertara de un sueño, y arrebata al más cercano la lanza. ¡Ay de los vencidos! La carnicería comienza; grita con ronca voz a sus soldados, «¡maten!, ¡maten!», mientras que él mata sin piedad prisioneros indefensos. A los oficiales que le traen, los hace reunir en un cuadro; eran primero dieciséis, entre ellos el joven Joaquín Villanueva, notable por su valor; manda a sus veteranos matarlo a sablazos: Villanueva recibe uno por atrás que le hace caer la parte superior del cráneo sobre la cara; se la levanta y echa a correr en aquel círculo fatal limitado por la muerte; el fraile lo pasa con la lanza, que entra en el cuerpo hasta la mano, y no pudiendo retirarla otra vez, la hace pasar toda y la toma por el otra lado. La carnicería se hace general, y los jóvenes oficiales mutilados, llenos de heridas, sin dedos, sin manos, sin brazos, prolongan su agonía, tratando de escapar a una muerte inevitable.

La noche sorprende a los vencedores matando; las partidas se vienen a la ciudad, y cada tiro, que interrumpe el silencio de la noche, anuncia un asesinato o una puerta cuya cerradura hacen saltar. El día siguiente sobrevino y el saqueo no había cesado. El Sol apareció para contar los cadáveres que habían quedado en un campo sin combate, e iluminar los estragos hechos por el pillaje.

Al día siguiente, los actores del aquel terrible drama estaban mudos de espanto. El fraile supo entonces todo lo que había hecho y la muerte de su hermano, a quien él había sacrificado. Pero el alma del apóstata no sentía el remordimiento, como los demás hombres; y para serenar su conciencia, pidió a la embriaguez su aturdimiento y sus consuelos. Los instintos malos, largo tiempo comprimidos, se desencadenaron entonces, y la venganza de su hermano muerto sirvió de máscara para darles suelta. Había hecho matar a todos los oficiales en el campo sin batalla; al día siguiente ordenó la muerte de los sargentos del batallón de infantería; otro día después murieron los cabos; más tarde los músicos; y cada vez que se emborrachaba, la sed de sangre se despertaba con nueva furia. Vivos están muchos que le oyeron dar órdenes de asesinatos, detallando a sus sicarios todas las circunstancias que debían acompañar la muerte: a sablazos, en el lugar tal, a las once de la noche, cortarle las piernas y brazos; a otro la cara para que no fuese conocido; a otro sacarle la lengua; a uno, en fin, castrarlo. Una madre pudo reconocer a su hijo por un escapulario del Carmen, obra de sus manos. ¡El doctor Salinas fue descubierto por la lavandera que le conocía una camiseta listada! Entonces estos rasgos de barbarie eran inauditos y sobrepasaban toda imaginación, hoy son hechos vulgares por allá, y Buenos Aires, Tucumán, Córdoba y Mendoza se han familiarizado con atrocidades más negras aún. El terror había penetrado al pueblo hasta la médula de los huesos; y cuando Quiroga llegó, ya halló suficientes enemigos, como él decía, para arrancarles dinero. Una contribución de cien mil pesos se reunió en cuatro días, y el fraile en dos noches de orgía había jugado la mitad de ella. Aún existe la orden en que mandaba pedir a la aduana algunos miles para pagar pérdidas del juego; porque Facundo Quiroga tenía el vicio de la codicia, que tan mal se aúna con una ambición noble; y dondequiera que él estuviese, el ruido de los naipes y el murmullo de las onzas, arrancadas a los ciudadanos a fuerza de azotes, fusilándolos y humillándolos, interrumpía el silencio que aun entre sus parciales y amigos inspiraba el terror de su nombre. Mendoza continuó gobernada bajo esta influencia maléfica, y un ejército numeroso se preparó para volver a batir al general Paz.

No quiero omitir que en los días de frenesí sanguinario del fraile una mujer salvó de la muerte a muchas víctimas que estaban condenadas al sacrificio: la Limeña; la querida o esposa del verdugo de Mendoza, apartó la cuchilla levantada sobre muchas cabezas. Su hermano José, más moderado, más humano, también trabajó para apaciguar esta sed de sangre que se había apoderado del fraile; pero la fatal tarde venía, y con ella la embriaguez que aconsejaba crímenes que no habían sido premeditados. Desde entonces Aldao vivió lleno de alarmas, y el horror que inspiraba aun a los suyos, agriaba su carácter y lo reconcentraba. Mucho ha debido padecer interiormente este infeliz; y aquellos escozores interiores, aquel horror de sí mismo, habrán sido el único castigo que la Providencia le ha impuesto en la tierra. Su hermano José, menos criminal, murió asesinado por los bárbaros; y el que con tantos crímenes se ha manchado, ha muerto en su cama, temido y honrado. ¡Pero la Providencia tiene sus secretos, y su justicia no ha sido reglada por las leyes de la tierra!

Un nuevo ejército abrió otra campaña contra el general Paz. Aldao había llenado de nuevo los cuadros de su cuerpo de Auxiliares, y Facundo reunido cuatro o cinco mil hombres en una horda apenas disciplinada. Hay un hecho notable que merece recordarse. Acompañaba al fraile don José Santos Ortiz, que iba encargado de inducir a Quiroga a arreglarse con Paz para hacer juntos la guerra a Buenos Aires, objeto común de encono de todos los caudillos del interior; y parece que Quiroga no estaba distante de entrar en la liga. Paz, por su parte, mandó al mayor Paunero, joven hábil a la par que valiente, a hacer proposiciones de paz a Quiroga, sin que hasta hoy se sepa qué razones estorbaron que llegasen a entenderse; probablemente el indomable Quiroga quería lavar en una nueva batalla la humillación de La Tablada, contando con el éxito de combinaciones estratégicas que Paz frustró hábilmente. La batalla de la Laguna Larga enseñó a Quiroga, sin escarmentarle, a no confiar en el éxito de sus terribles cargas de caballería, que en otro tiempo habían sido tan decisivas; simples movimientos de tropas decidieron de la jornada, y Quiroga huyó a Buenos Aires dejando en el campo su infantería, artillería y bagajes. En la persecución alcanzaron a un fugitivo cuya corpulencia había agobiado su caballo; una lanzada le hizo descender a tierra, y cuando un soldado se presentaba a ultimarlo: «Soy el general Aldao, dijo; no me maten, interesa a la nación que me presenten vivo al general Paz». Un oficial se encargó de su custodia para conducirlo a Córdoba. Allí le aguardaba un recibimiento indigno: algunos oficiales mendocinos, cegados por la venganza, lo hacen introducir en la plaza montado en un animal flaco, y expuesto a los insultos de la chusma. «¡Malvado, le gritan; has cubierto de luto a tu patria!» «También le he dado días de gloria», contestó noblemente el prisionero, a quien la indignidad de sus enemigos había vuelto todo su valor. Después de tantas afrentas, Aldao fue conducido a la cárcel, donde el silencio y el aislamiento le trajeron el recuerdo de sus pasados hechos. Su entereza habitual le flaqueó entonces, y llegó a excitar el desprecio de sus guardianes, por su terror pánico, sus temores pueriles y sus alarmas sin motivo. A cada uno que se le acercaba pedía con inquietud noticias de los rumores que sobre su muerte próxima corrían; los más insignificantes movimientos de la cárcel los interpretaba siniestramente; en fin, el sueño había huido de sus párpados, y el día lo sorprendía espiando a los centinelas. Algunos sacerdotes emprendieron la obra de reconciliarlo con la Iglesia, y sea subterfugio sugerido por el miedo, sea verdadero arrepentimiento, abrazó con ansia el partido que se le ofrecía; tomó el escapulario de la Orden dominica, y emprendió con empeño la tarea molesta de estudiar el latín que había olvidado. Un día, que recibía lecciones de don José Santos Ortiz, dirigió una mirada a un centinela colocado enfrente de la puerta; los soldados sabían los terrores que sufría, y el centinela tuvo la malicia de pasarse la mano por el cuello indicando decapitación; el fraile convertido arroja el breviario, se levanta precipitadamente y exclama temblando: «¡Me van a fusilar hoy mismo! ¡Me fusilan! ¡Me fusilan!». Su compañero trata en vano de tranquilizarle; le hace presente que no lo intentarán sin seguirle sumaria, sin juzgarlo y sentenciarlo. «¡Sí, exclama, como usted no ha cometido los crímenes que yo, no se le da nada!» Esta confesión, arrancada por el terror, es verdaderamente horrible; el fraile se había juzgado y halládose muy delincuente. Su compañero, aterrado, trató en vano de atenuar sus remordimientos y calmar sus inquietudes; el soldado, tan animoso en otro tiempo en el campo de batalla, volvía ahora cobardemente la vista a la idea de la muerte en desagravio de la justicia.

Mientras tanto, el pueblo de Mendoza había vuelto a sacudir el yugo de sus tiranos. Don José Aldao tuvo la fatal inspiración de fugar al sur y confiar en la fe de los bárbaros. Un día lo invitan a él y a sus principales jefes a un parlamento; lo rodean y dejan percibir a las claras su designio sanguinario. Don José desenvaina su espada, atraviesa con ella al cacique traidor, y muere como mueren los héroes, matando; treinta vecinos de Mendoza fueron sacrificados aquel día. El pueblo, a quien tantas amarguras había hecho beber el fraile, lo pedía con instancia al general Paz; y cuando digo pueblo, tomo esta palabra en su más lata acepción. Era una especie de enfermedad de espíritu que aquejaba a todas las clases; cada uno inventaba un suplicio para su verdugo: en el campo del Pilar debía erigirse un patíbulo alto, muy alto, para que todo Mendoza pudiese, congregado en torno, maldecirlo, execrarlo y gozarse en sus agonías. Una comisión en pos de otra llegaba a Córdoba reclamando al prisionero como una propiedad del pueblo de Mendoza; alegábanse derechos, extradición. Pero el general Paz se manifestó sordo a estos clamores desacordados, y todavía el fraile pudo después recuperar su presa. La guerra volvía a encenderse, y un acontecimiento, que es preciso ser argentino para comprender, arrebató al general Paz de la cabeza de su ejército. Detrás de un pequeño bosquecillo había éste hecho alto formado en columna cerrada; la voz de Paz, que había salido a la ceja del monte a observar, se estaba oyendo desde la cabeza de la columna. Unos montoneros se presentan, y Paz, creyendo que es una partida de coraceros que él ha hecho disfrazar de gauchos, mandó a un edecán a darle órdenes; éste desconfía, Paz insiste; se acerca aquél y lo matan, tirando a Paz al mismo tiempo un tiro de bolas que lo deja amarrado con el caballo; un minuto después iba lejos en manos de sus enemigos. El ejército, sin el jefe que parece haber encadenado la victoria a sus pasos, resuelve retirarse a Tucumán, y se manda sacar a los prisioneros de la ciudad.

Un escuadrón de coraceros había formado al efecto en la Plaza de Armas de Córdoba, enfrente de las prisiones de Estado. De sus pisos superiores se escapaban llantos lastimeros, que turbaban el silencio solemne de la noche, y sollozos de hombre, capaces de enternecer a los rudos veteranos cuyos oídos estaban lastimando. ¡El prisionero de la Laguna Larga, el soldado de la independencia, estaba de rodillas, gimiendo, entregado a un innoble pavor, creyendo que aquellos aprestos nocturnos eran indicios de su cercana muerte! El oficial que vino a buscarlo le encontró con una hostia, que había consagrado, y que sostenía con ambas manos, con una égida y un baluarte contra sus pretendidos verdugos. El prisionero se ha hecho fraile hasta en sus ardides casuísticos; y los teólogos de la universidad de Córdoba han disputado largo tiempo sobre si había quedado consumada la consagración del pan eucarístico.

Tranquilizado al fin de muchos esfuerzos, sigue al ejército en Tucumán, y algunos meses después a los dispersos de la Ciudadela hasta Bolivia, donde lo dejan en libertad. Aquí termina una de las épocas más borrascosas de la vida de don Félix, único de los triunviros que sobrevive hasta entonces.

La batalla de la Ciudadela dejó por fin en reposo a la República, tan agitada por la lucha anterior. Desde Buenos Aires a Tucumán, los hombres que habían proclamado la federación, habían triunfado por todas partes; iban, pues, a realizar su forma de gobierno y la reconstrucción de la República.

En vez de esto, Facundo ponía grandes mesas de juego en cada pueblo que visitaba; y, con seiscientos mil pesos obtenidos en un año de triunfos, se fue a Buenos Aires para caer al fin víctima de otro caudillo más suspicaz y que había jurado desembarazar el país de todo hombre que pudiera hacerle sombra. Por todas partes se desenvolvió el mismo sistema de abandono de todo interés de los pueblos; y este estado de cosas ha durado hasta 1840, aunque en la década haya Rosas establecido su poder sobre todos los caudillos del interior, y hécholes la burla de ponerles el cabresto del gobierno unitario, sin que ninguno de ellos cocease, como dicen los gauchos. A uno le decía compadre, compañero al otro, a éste le escribía que se guardase de los unitarios, a aquél, que desconfiara de los jesuitas. Los pueblos esperaban que Facundo constituyese la República. ¡Pobres pueblos! Ahora están esperando que Rosas les hará tanta merced, si logra desembarazarse de sus enemigos.

Don Félix regresó a Mendoza en 1832; a su paso por La Rioja tuvo una entrevista con Facundo, que tenía a su lado al noble Barcala. «¿Cuándo fusila a este negro?», fue lo primero que le dijo. Facundo arrugó la frente de manera de hacerle comprender que mayor riesgo corría el interlocutor. Quiroga lo despreciaba soberanamente, y escribió a los oficiales de Mendoza que no lo admitiesen; pero cuando Aldao se presentó, el recuerdo de sus pasados hechos hizo vacilar los ánimos; y el gobernador, prestándole su protección, le dio el título de comandante general de la frontera. Pidió que se le abonasen sus sueldos de general desde que había caído prisionero en La Tablada, y le fue otorgado. Trataba de establecerse definitivamente, de entregarse al reposo que pedían tantos años de fatiga, y que el estado aparente de la República prometía. Aldao escogió un fuerte del sur para su residencia, se constituyó una guardia para su custodia, y llevó a su lado a la Dolores. A su tránsito por La Rioja se había enamorado de una mujer del pueblo, de formas y costumbres plebeyas, de carácter brutal y varonil. Mendoza tuvo largo tiempo que presenciar el espectáculo de las rencillas de serrallo entre la Limeña y la Dolores, sus ultrajes, sus chismes. La Dolores triunfó al fin, y su rival marchó a Chile, dejando sus dos hijos, fruto de una unión vergonzosa. ¡Muy desgraciado debe ser el pueblo condenado a soportar esta subversión de toda moral, este escándalo elevado al poder bajo las formas más repugnantes; un fraile apóstata, mujeres impúdicas, hijos sacrílegos! Aldao se mostró siempre receloso de la conservación de sus días: sus guardias de cuerpo no le abandonaron un momento, y en la mesa de juego estaban dos a su lado mientras él tallaba. Vivían con él, con sus mujeres o concubinas; así es que el fuerte ostentaba la orgía por todas partes, desde el salón hasta los galpones de la tropa. El hábito de la embriaguez había arraigádose más, si era posible, y el juego le era tan necesario que, cuando bajaba a la ciudad, mandaba órdenes de citación a jugar, como si se tratase de los negocios públicos. Es imposible darse una idea de la degradación en que había caído este hombre, la torpeza de sus placeres, el abandono de toda idea política. Verdad es que los Aldao, como Quiroga, nunca gobernaron pueblos; dejaban a otros los sinsabores de la administración, reservándose ellos el poder real. Don Félix ha gobernado por el temor que los gobernantes tenían de desagradarle, y una palabra suya, arrojada en la conversación en el Fuerte, bastaba para provocar medidas gubernativas, o derogar una ley vigente. ¡Y esto ha durado diez años, hasta que la Providencia, el vino y la crápula se han servido disponer de su existencia! Solo después de la revolución del 4 de noviembre de 1840 se encargó del gobierno.

Rosas preparó una expedición al sur en 1832 y convidó a los caudillos del interior a cooperar en sus respectivos frentes, a fin de dar el colorido de invasión a los indios a un paseo militar concebido para apoderarse de la autoridad. Don Félix salió al sur, indujo a una tribu amiga a traer presa a otra; ambas se sublevaron en el camino, degollaron sesenta mendocinos y se dirigieron al desierto. Aldao les hizo salir al encuentro, y fueron todos exterminados. Este es el hecho más notable de aquella estéril campaña; pero don Félix hizo en ella un hallazgo que ha sustentado su poder y mantenido el terror de su nombre: entre los soldados de su división había un Rodríguez notable por su valor, a quien hizo oficial y después jefe de su escolta, y este hombre ha correspondido a su misión. El fraile estaba obeso, incapaz de acción, cobarde ya, y muy dado a la bebida; sin Rodríguez, el poder de Aldao se habría sumido en la impotencia y el descrédito; pero aquel oficial y sesenta indios animosos, lo han rejuvenecido y conservádole su aureola de terror.

Rosas, dueño del poder supremo en 1833, dirigió su mirada penetrante al interior, para examinar las aptitudes de sus caudillos, y arreglar las cosas de modo que sin estrépito le estuviesen sometidos. Esta conquista de las provincias hecha por el gobierno de Buenos Aires es una de las obras más grandes de suspicacia y que menos bulla ha metido. Desde luego se apoderó de los Auxiliares apostados en San Luis; mató a Quiroga, y juzgó a sus intrumentos, los Reinafé; depuso y fusiló a Cullen, de Santa Fe; Yanzón, de San Juan, se comprometió, y Benavides le sucedió en el mando; Barcala, el virtuoso Barcala, fue fusilado por el fraile; éste empezó a recibir sueldo de general de Rosas; Brizuela, de La Rioja, un borracho sin rival en toda la República, fue conservado en el mando a despecho de los celos de Benavides, su vecino; un López quebracho, estanciero de chapeca, fue impuesto a la ciudad de los doctores y del ergo; Ibarra gobernaba quietamente a Santiago del Estero dieciocho años había. En fin, todo parecía arreglado para que la República marchase pacíficamente a la barbarie y al retroceso que debían afianzar el poder despótico del astuto Rosas; pero en medio de esta calma aparente, el descontento estaba en todos los ánimos; el malestar pesaba sobre todos los corazones, y no faltaban hombres denodados que quisiesen sacar la República de esta estagnante podredumbre. Desgraciadamente, no había plan ni designio fijo, ni unión, ni jefes. Rosas había suprimido los correos en el interior, y la desconfianza hacía imposible toda inteligencia entre unos y otros pueblos. La revolución estalló: cada provincia se echó en ella; unas primero, otras después, y todas sucumbieron cubiertas de sangre; y espantadas a fuerza de delitos y de atrocidades, fueron a estrellarse contra los caudillos de Rosas apostados aquí y allí para inutilizar todos los esfuerzos. Nunca hubo una revolución más nacional ni más débil. Rosas ha estado diez veces al borde de su pérdida, y la incapacidad de sus enemigos lo ha salvado.

Aldao salió a campaña, unido con Benavides, contra Brizuela, que para ruina de los patriotas se había declarado en su favor. ¿Será creíble que este caudillo con un ejército acampado en torno suyo, se pasase seis meses bebiendo sin ver luz, como dicen, sin tomar una medida, sin hablar una palabra, sin dejarse ver los enviados de los gobiernos, ni de Lavalle mismo, que estuvo a su puerta quince días aguardando una contestación? Aldao hacía otro tanto en San Luis, acampado también, sin moverse y bebiendo, aunque no tanto como Brizuela. Osán, un comandante llanista, enviado por el fraile a conmover los Llanos, fue vencido y muerto. ¡Aldao mandó entonces traer a la hija del caudillo que se había sacrificado en su servicio, niña de catorce años, con quien pasó tres días en su tienda!

La vista de una pequeña fuerza, mandada por el valiente joven Alvarez, disipó una división de Benavides, y el fraile emprendió una retirada desastrosa sin saber lo que sucedía. Por entonces estalló la revolución del 4 de noviembre en Mendoza, capitaneada por hombres bisoños, y secundada por un pueblo agobiado de humillaciones durante diez años. Aldao, por una marcha rápida, llegó a tiempo de apagarla, y el orden quedó restablecido. Todos esperaban otras matanzas del año 29; pero nada de esto hubo. Destierros, persecuciones, despojos y contribuciones, fue toda la venganza que tomó. Aldao ha mostrado, en estos últimos años, que la sangre de los ciudadanos le causaba horror; su conducta ha sido, si no intachable en este respecto, muy diversa de la que Rosas prescribía a todos sus jefes; y las matanzas no habrían reaparecido en Mendoza, si el ejército de Pacheco no las hubiera iniciado, y Rodríguez, el brazo vivo de Aldao, continuádolas por su propia inspiración.

Aldao volvió a salir a campaña, y vencido Brizuela por Benavides, se apostaron ambos en La Rioja, para estorbar el paso de La Madrid, que se acercaba con un ejército del norte.

Un día se supo en San Juan repentinamente que se aproximaba una división de Tucumán. Ochocientos hombres salieron a recibirla. Acha, el inmortal Acha, entró una hora después a la plaza, tomó caballos y salió al encuentro de sus enemigos, a quienes había hurtado la vuelta. La batalla de Angaco es un oasis de gloria en que el ánimo puede reposarse en medio de este desierto sembrado de errores, de desórdenes y de derrotas. Acha toma una posición ventajosa, y con un puñado de hombres acepta el combate contra el ejército combinado de Benavides, Aldao y Lucero, fuerte de dos mil quinientos hombres, y entre ellos dos batallones de infantería y cuatro cañones. Acha contaba con cuatrocientos y tantos soldados poco aguerridos, en país desconocido, y aterrados por el aparato de fuerzas que se desplegaba en su presencia y los cercenaba de todos costados. Para equilibrar tantas desventajas, una multitud de jóvenes arrojados y entusiastas de los del escuadrón de Mayo, Acha, los Alvarez y muchos otros valientes estaban a su cabeza, y sus palabras, su entereza y su entusiasmo, duplicaban sus fuerzas, animándolos con un arrojo sin ejemplo, y una abnegación sin límites. Acha tenía en la mano una varillita con que jugaba con el abandono de un niño; y con su sonrisa habitual en los labios, les enseñaba el enemigo, arengando a sus soldados con estas palabras, que tienen algo de sublime: «¡Pícaros, ahora vais a ver bueno!». El enemigo toma sus posiciones tranquilamente, y el combate se empeña al fin.

El fuego fue mortífero y duró cinco largas horas; la infantería de Benavides llegó hasta seis varas de distancia de la de Acha, y desde allí se fusilaban recíprocamente; solo una acequia los dividía. Aldao, que se mantuvo a la distancia, tomó la fuga y dejó a Benavides agotarse en inútiles esfuerzos de valor. Los pequeños pelotones de caballería de Acha hacían frente a todos costados, porque para él no había ya ni frente ni retaguardia. El joven Alvarez, herido a la mitad del combate, había dejado en las filas un puesto glorioso que nadie podía ocupar; el desaliento empezaba a desmayar la resistencia. Alvarez se hace vendar la herida y motar a caballo; anima a los soldados con su presencia, sus vivas; los soldados lloran de enternecimiento, y el combate principia con nuevo ardor. A la caída de la tarde nadie sabía lo que los demás hacían; los infantes disparaban sus fusiles al frente; cada grupo de caballería de diez, de veinte a treinta hombres, con oficiales o sin ellos, cargaba en todas direcciones a los escuadrones enemigos. El polvo empieza a disiparse en fin, los gritos se alejan, y Acha sabe, no sin un poco de sorpresa, que ha vencido. «¿No les decía que íbamos a ver bueno?», era su congratulación a los soldados muertos de fatiga y de placer, siempre sonriéndose, siempre jugando con su varillita. «¿No es una lástima que este hombre singular se hubiese dejado arrebatar tanta gloria por una confianza indiscreta, y perdiese, en expiación de su falta, la cabeza, degollado como un cordero?» Benavides heredó su gloria por un acto de valor que habría bastado a hacer la reputación de un gran general.

Los prodigios de Angaco habrían bastado para salvar la República, si el desgraciado Acha hubiera hecho más justicia a la serenidad y valor de su enemigo. Vencido Benavides, por un puñado de valientes, volvió a San Juan sin dejar traslucir el menor síntoma de abatimiento, sin embargo de que sus mejores oficiales habían perecido, y que todos sus medios de guerra estaban a merced de su victorioso rival. Sin darse prisa a fugar, emprendió su retirada hacia Mendoza con un reducido número de los suyos, y a poca distancia fue encontrado por un refuerzo de tropas, tardío e insuficiente para otro menos animoso. Benavides entrevió la posibilidad remotísima de un triunfo, y se resolvió a dar un golpe de mano. Regresa, cae sobre los vencedores sorprendidos, y después de tres días de resistencia inútil, se apodera de Acha mismo, refugiado de trinchera en trinchera en lo alto de una torre; recuperando así todo lo perdido, con un rédito de gloria igual o mayor, si cabe, que la que en Angaco había recogido su prisionero. Las fuerzas de Rosas al mando de Pacheco pudieron ser auxiliadas poderosamente, después de haber debilitado a La Madrid de toda su vanguardia, de todos los recursos que de San Juan hubiera sacado, y del valor caballeresco de Acha, que valía por sí solo un ejército. La batalla del Rodeo del Medio fue un corolario del triunfo de Benavides en San Juan, su obra exclusiva.

¿Qué hacía en tanto Aldao? Su cobarde fuga del campo de Angaco le colocaba en una posición despreciable; el prestigio militar en Cuyo había pasado entero a Benavides, y en su provincia, en su propiedad, cuya quieta posesión había disfrutado por diez años, encontró el desdén de los vencedores. Marchóse a Buenos Aires a poner la queja al amo que servía; una recepción magnífica le recompensó de las fatigas del viaje, pero no fue el anuncio de una cordial acogida. Meses pasaron sin lograr una entrevista, y al fin pudo volver a su posesión, después que el ejército de Rosas la hubo despojado del último implemento de guerra. Desde entonces Aldao vive sin otro poder que el que le dan Rodríguez y su escolta, suficiente para dominar a Mendoza, educada de tantos años a resignarse en silencio; pero sin influencia política en el exterior. Rosas había acumulado el poder real en manos de Benavides, que ha sabido conservarlo por su prudencia y su valor. Las rivalidades de estos caudillos han servido durante dos años para animar una estéril correspondencia con Rosas, que hallaba en estos celos y en esta desarmonía una prenda de seguridad.

Aquí termina la vida pública del general don Félix Aldao; lo que sigue es la disolución lenta de un despotismo envejecido e impotente, la aniquilación de una vida repartida durante tantos años entre las fatigas de la guerra y la orgía de la paz, perseguido en todas partes por la conciencia de su vileza, y el odio y el desprecio mal comprimidos del pueblo que degradaba.

Las escenas inmorales de la Limeña y la Dolores se repiten a la llegada de la Romana, aquella adquisición hecha en la campaña de La Rioja. Imaginaos un pueblo como Mendoza presenciando las querellas infames de tres mujerzuelas que se disputan la posesión de un fraile apóstata, borracho consuetudinario, gangrenado, que todas tres han poseído sucesivamente, del que todas tienen familia que les da derechos; y todas estas intrigas de serrallo en derredor del poder, repetidas de boca en boca, y removiendo la sociedad entera, ocupando a las jóvenes, y sirviendo de pasto a la maledicencia pública; dándose aquellas mujeres de golpes por las calles, y echándose en cara sus inmundicias, y reunidas al fin por una vez al memos bajo el techo del objeto disputado. Aquella hija de Osán, de que hice mención antes, vino también a Mendoza a figurar en esta impura comparsa. ¡Desgraciada! Una de aquellas venganzas que los celos de una mujer soez y brutal inspiran, una afrenta que la pluma se niega a describir, la hicieron llorar su mal aconsejado viaje, y dar a la Dolores este triunfo aún.

Lo que más ruboriza en todo este cenagal asqueroso de inmoralidad, es que sus desafueros, sus pasiones y sus celos, entraban en la parte administrativa de la provincia. ¡Infelices de las señoras que manifestasen el menor síntoma de desprecio por la favorita, porque la crónica del serrallo avisaba de época en época cuál de las tres era la preferida del impúdico fraile! Antes de la revolución del 4 de noviembre, la Dolores se quejaba de los desdenes de las señoras; dábase un baile, porque los pueblos bailan y ríen siempre, ¡Dios es siempre bueno con ellos!, Aldao se presenta a la puerta con veinticinco hombres armados de varillas de membrillo para castigar a las orgullosas. Bailóse toda la noche alegremente; la Dolores paseaba sus miradas triunfantes sobre toda la reunión, ¡y los jóvenes se disputaban el honor de hacer danzar aquella mole torpe y vinosa! Murió un hijo de la Romana; el jefe de policía, un tal Montero, pasa esquelas de convite a todos los ciudadanos invitándoles a asistir a su entierro. Llevábanlo en hombros los primeros personajes del país en unas andas ricamente decoradas, en medio del repique de las campanas y las salvas de las tropas. ¡Dos doctores iban en la delantera, dos magistrados los seguían!

Una señorita había tenido la desgracia de decir que la Dolores no era dechado de virtudes; la policía entendió en el asunto, y Montero, oídas las partes, sentenció a la culpable a ser paseada por las calles en una yegua aparejada, y azotada en las esquinas; y la sentencia fue cumplida.

Cuando Benavides y Acha se batían gloriosamente en San Juan, Montero, para entusiasmar la tropa destinada a marchar, lleva a la Dolores al cuartel; y ésta, enseñando uno de sus hijos a los soldados, los arenga en nombre de su padre el fraile Aldao, que los llama y solicita su apoyo. ¡Qué pérdida ha hecho Rosas en aquel malogrado general! ¡Solo Montero podía llenarla! Se necesitan hombres de este temple para mantener en las provincias del interior la paz profunda de que hoy disfrutan. Verdad es que no todos los gobernantes de las provincias se les parecen. No; muchos hay virtuosos y dignos del amor y respeto de los pueblos; pero todos tienen alguna cualidad que sirve admirablemente a los fines del hombre suspicaz que se burla de ellos. Brizuela, que desertó al fin de sus filas, era una especie de esponja embebida en aguardiente, un odre que Rosas apuntalaba para sostenerlo en pie, que gobernaba admirablemente La Rioja; otros dejan al pueblo en paz y que trabaje tranquilamente, mientras ellos cuidan gallos y disponen carreras; otros han cerrado el despacho de gobierno y pasan los meses y los años sin que haya un decreto, una medida administrativa, y sin embargo, todo marcha bien; otros, en fin, tolerarán todo, menos que un letrado defienda un pleito u ocupe un banco en la magistratura. Pero todos están de acuerdo, y esto sin intención y sin estudio, en que los caminos públicos vayan desapareciendo; los salteadores se propaguen por los campos; las escuelas estén desiertas;

los correos del comercio suprimidos; la justicia abandonada al capricho de jueces estúpidos o imbéciles; la prensa enmudecida, si no es para vomitar contra los salvajes injurias soeces, o elogios serviles al Restaurador; las costumbres descendiendo a la barbarie; el cultivo de las letras despreciado; la ignorancia hecha un título de honor; el talento perseguido... ¡Hacen bien! Cualquiera de estos gobernadores, que mostrase capacidad, interés por el bien público, espíritu organizador, deseo de moverse y obrar, no la había de penar muy lejos, porque no son estas cualidades las que los mantienen en la gracia del soberano. La barbarie de las masas elevó al Dictador, y la pobreza y la ignorancia de las provincias lo sostienen contra todos los ataques. Los pueblos mejor gobernados apenas notan su decadencia y retroceso. El despotismo, aun ejercido por hombres buenos, es para los pueblos lo que la tisis para el cuerpo: el enfermo no siente dolor alguno, come, ríe, baila sin cuidado, nada le duele, solo el físico ve los estragos lentos que la muerte va haciendo, y los pasos con que se encamina sin zozobra hacia la tumba.

Rosas se ha encargado de pensar por todos: él es la cabeza inteligente; los gobernadores del interior son sus miembros; unos son los brazos que ejecutan; otros las piernas que caminan; otros son las partes menos nobles de este cuerpo, según el papel que se les destina y las aptitudes que muestran; buenos para algo, menos para pensar en el porvenir de la República, que ése, solo el que lo está fabricando en Buenos Aires, lo prevé y entiende.

Lo que queda por decir de Aldao es bien triste: una enfermedad de un año, un cáncer en la cara que le ha ido devorando lentamente las narices, los ojos, en medio de dolores horribles. Los momentos en que éstos se mitigaban, y cuando aún gozaba de la vista de un ojo, se entretenía en jugar con algunos amigos que soportaban el mal olor y el aspecto odioso del cáncer; después, sospechas contra los médicos que lo asistían. Uno anda aún prófugo, y debió a su fuga el no ser fusilado.

Durante su enfermedad, que ha durado cerca de un año, y no obstante estar desahuciado en los últimos meses, nadie se atrevió a proponer siquiera que se nombrase un gobernador interino, por temor de que le desagradase, y porque tal es la degradación de aquellos infelices pueblos, que ya empiezan a convencerse seriamente de que el gobierno es una propiedad arraigada en los caudillos, y que sería atentar contra sus derechos el proveer, aun en caso de enfermedad, a su incapacidad de administrar. Aldao enfermo, Aldao moribundo, Aldao muerto, en fin, gobernaba a Mendoza sin interino, sin dar otras disposiciones que las que su salud reclamaba. Habíase nombrado un rol de ciudadanos que debían alternarse en asistirle durante la noche en su antesala en Luján. Nunca ha consentido en estar un momento solo. ¿Creeríase acaso abandonado de los suyos, o huía de encontrarse en presencia de sí mismo, de la muerte, de su conciencia, o de Dios? Una noche se entretenía esta nueva especie de empleados en jugar malilla; el horror de su situación o la intensidad de los dolores enajenan al enfermo, se levanta de la cama, se presenta repentinamente ante sus veladores, despavorido, enajenado, con un par de pistolas en la mano. ¡La sorpresa, el terror, se apoderan de éstos, huyen espantados, y siguen huyendo en medio de la oscuridad de la noche; se dispersan por los campos, y aun algunos pasan el río de Luján, hasta que los gritos de los que en su busca habían salido, los reúnen despavoridos, aun desgarrados sus vestidos por las espinas, jadeando, temblando de frío, de miedo! ¡Ay, ciudadanos de la República Argentina, odiosos a los otros pueblos en los días de libertad, por vuestra indomable altanería, cuán humillados estáis ahora! ¡Vosotros que irritabais al gran Bolívar con el erguimiento de vuestras frentes, hacéis rodar mesas y sillas para salvaros del látigo de un fraile enfermo!

Rosas le mandó entonces un hermano político para que lo asistiese. En fin, la muerte se acerca, la agonía se prolonga meses enteros, y entre los dolores más agudos, el cáncer rompe una vena, y un río inextinguible de sangre cubre su cara y su cuerpo todo, hasta que expira el 18 de enero. ¡Sangre! ¡Sangre! ¡Sangre! ¡He aquí la única reparación que la Providencia ha dado a esos malaventurados pueblos cuya sangre él derramó tan sin medida; morir derramando su propia sangre, solo, sin testigos, pues que había hecho colocar un centinela en la puerta! Dicen unos que ha muerto contrito y en el seno de la iglesia, con el escapulario de la Orden dominica, a cuyo convento ha legado parte de sus bienes. Las esquelas mortuorias invitan a los ciudadanos a las exequias del Excmo. señor general brigadier don José Félix Aldao, y se añade que ha nombrado albacea testamentario a don Juan Manuel de Rosas. Los procónsules romanos, que asolaban las provincias del Imperio, solían dejar sus bienes a los emperadores con el gobierno de las provincias. Esas dos versiones, por contradictorias que parezcan, prueban una verdad al menos, y es que se duda aun, hasta después de muerto, si es fraile o general ¡Dios lo habrá decidido! Ha dejado tres casas nuevas para establecer sus tres familias, y nada ha dispuesto, sin embargo, sobre las fincas que poseía pertenecientes a ciudadanos mendocinos que han sido despojados de ellas.

En medio de tantas cualidades malas, este hombre tenía algunas virtudes recomendables. Ha tenido amigos que lo han estimado entrañablemente, y cuyo afecto ha sobrevivido a la distancia y a la muerte, y es imposible que inspirase afecciones tan durables y desinteresadas un hombre que no poseyese algunas buenas prendas que disminuyesen el horror de las malas. Sabía hacerse amar de sus soldados, de los que hay muchos que le han acompañado durante muchos años. Solía distribuir granos en gran cantidad entre los pobres del sur de Mendoza, y muchos infelices le deben su subsistencia. Cuando sabía que se acercaban familias chilenas, de las que frecuentemente emigran para Mendoza, las mandaba encontrar con víveres, y proveía a su subsistencia y establecimiento por algún tiempo. Ultimamente, personas que lo han tratado de cerca, aseguran que tenía un amor entrañable a sus hijos, y que sus caricias le daban momentos de abandono y de placer indecibles. El apellido Aldao queda en su progenie reconocida de tres mujeres, algunos otros bastardos suyos, y los hijos legítimos de don José, su hermano. Un fin trágico cupo a todos los Aldao, ¡el mejor ha sido el de don Félix! Todo Mendoza acompañó su cadáver a la iglesia, en cuyo interior ha sido enterrado. Por la tarde se dice que la Alameda estaba llena de concurrentes de ambos sexos. Desde que estuvo Pacheco, este paseo manchado con la sangre de las víctimas degolladas en él, había sido poco frecuentado.

La única mejora que Mendoza ha recibido durante este gobierno, ha sido poblar su frontera del sur con inmigrados de Chile, que se han reunido en villorrios y alquerías a la sombra del fuerte San Carlos, que habitaba Aldao, que siempre mostró mucho interés por el acrecentamiento de aquellas poblaciones.

Ahora Mendoza es una herencia, veremos quién se posesiona de ella. Cuando Rosas supo el estado desesperado del fraile, mandó a una hermana suya con su esposo, que es médico, y un secretario para Aldao. Cuando se ha tratado de elegir gobernador, Rodríguez estaba por el secretario, y el pueblo por un vecino de Mendoza.

...

He concluido la tarea que me había impuesto, con el temor de haber sido suficientemente imparcial; pero si he faltado a la verdad de los hechos, no ha estado en mi mano remediarlo. He consultado a amigos y enemigos, y a los viejos soldados de la independencia sobre sus primeros pasos en la carrera de las armas; he desechado lo dudoso y atenuado lo exagerado. Por lo demás, la vida de un hombre como éste, que ha tomado parte en tantas vicisitudes políticas, me ha parecido un asunto digno de mejor pluma que la mía, y digno también del conocimiento del público. La biografía de los instrumentos de un gobierno revela los medios que pone en acción, y deja conjeturar los fines que se propone alcanzar.

Apéndice

Testamento de Aldao al tomar el hábito de la orden dominicana

En el nombre de Dios Todopoderoso. Amén. Yo, el hermano fray Félix Aldao, natural de esta ciudad, hijo legítimo de don Francisco Esquivel y Aldao, y de doña María del Carmen Anzorena, ya difuntos; el primero natural de la capital de Buenos Aires, y la última de esta ciudad; religioso novísimo de este Convento de Predicadores; por cuanto se ha llegado la hora de mi profesión, y considerando que las cosas de este mundo son momentáneas y perecederas, y que el camino verdadero es el de la virtud, y éste tiene su principio dejando el amor de los bienes temporales, y empleándolo en el servicio santo de Dios Nuestro Señor, y su primer paso está seguro por el de la Religión, he tratado de seguir ésta entrando por la puerta principal de su profesión, consultando asunto tan importante con personas de consejo espiritual que conformemente me han desengañado, y estando resuelto en mi propósito, y concedídome licencia para ello el M. R. P. jubl.° fray Ramón Pérez, Vicario prior de este convento, y las demás necesarias, con arreglo a nuestras constituciones, y para dar principio a mi deseo, ordeno mi testamento para morir al siglo, estando por la infinita misericordia de Dios en mi entero y cabal juicio, memoria y entendimiento natural, y con disposición y actitud mis potencias y sentidos, creyendo y confesando, como firmemente creo y confieso, al altísimo, inefable e incomprensible Misterio de la Beatísima Trinidad, Padre, Hijo y Espíritu Santo, tres personas distintas y un solo Dios verdadero, y en todos los demás misterios y sacramentos que cree y confiesa nuestra Santa Madre Iglesia Católica, Apostólica, Romana, en cuya verdadera fe y creencia he vivido, vivo y protesto vivir y morir como católico fiel cristiano: lo otorgo, hago y ordeno en la forma y manera siguiente:

Encomiendo mi alma a Dios Nuestro Señor, que de la nada la creó, y redimió con el precio infinito de su preciosíma sangre; y el cuerpo mando a la tierra de que fue formado, el cual hecho cadáver, mando que sea sepultado en la Iglesia donde me hallare de conventual, o donde asistiese en aquella actualidad, encargando como encargo con humildad y reverencia a los religiosos mis hermanos, me encomienden a Dios Nuestro Señor por caridad.

Declaro que los bienes muebles y raíces, derechos y acciones que me puedan corresponder por herencia o por cualquiera otra razón, los renuncio a favor de mi abuela doña Catalina Nieto, y por fallecimiento de ésta, a favor de mis hermanos por iguales partes, con la precisa condición de que me remedien en aquellas urgencias y necesidades que me ocurran y mi convento no pueda socorrerme por su pobreza, y que por la nuestra carecemos y no son indispensables.

Y por el presente, revoco y anulo todos los testamentos y demás disposiciones testamentarias que antes de ahora haya formalizado por escrito, de palabra o en otra forma, para que ninguno valga, ni haga fe, judicial ni extrajudicialmente, acepto este testamento que quiero y mando se estime y tenga por tal, y se cumpla como mi última deliberada voluntad o en la vía y forma que más haya lugar en derecho. Y así lo dijo, a quien yo el Escribano, doy fe conozco, y lo firmo en el convento de Predicadores de esta ciudad de Mendoza, a seis días del mes de junio de mil ochocientos y dos, siendo testigos don Felipe López, don Alejandro Sánchez y don Francisco Puche, vecinos de ella. - Fray Félix Aldao. Ante mí, Cristóbal Barcala, Escribano Público del Cabildo.

• • •

He concluido la tarea que me había impuesto, con el temor de haber sido suficientemente imparcial; pero si he faltado a la verdad de los hechos, no ha estado en mi mano remediarlo. He consultado a amigos y enemigos, y a los viejos soldados de la independencia sobre sus primeros pasos en la carrera de las armas; he desechado lo dudoso y atenuado lo exagerado. Por lo demás, la vida de un hombre como éste, que ha tomado parte en tantas vicisitudes políticas, me ha parecido un asunto digno de mejor pluma que la mía, y digno también del conocimiento del público. La biografía de los instrumentos de un gobierno revela los medios que pone en acción, y deja conjeturar los fines que se propone alcanzar.

Apéndice. Testamento de Aldao al tomar el hábito de la orden dominicana En el nombre de Dios Todopoderoso. Amén. Yo, el hermano fray Félix Aldao, natural de esta ciudad, hijo legítimo de don Francisco Esquivel y Aldao, y de doña María del Carmen Anzorena, ya difuntos; el primero natural de la capital de Buenos Aires, y la última de esta ciudad; religioso novísimo de este Convento de Predicadores; por cuanto se ha llegado la hora de mi profesión, y considerando que las cosas de este mundo son momentáneas y perecederas, y que el camino verdadero es el de la virtud, y éste tiene su principio dejando el amor de los bienes temporales, y empleándolo en el servicio santo de Dios Nuestro Señor, y su primer paso está seguro por el de la Religión, he tratado de seguir ésta entrando por la puerta principal de su profesión, consultando asunto tan importante con personas de consejo espiritual que conformemente me han desengañado, y estando resuelto en mi propósito, y concedídome licencia para ello el M. R. P. jubl.° fray Ramón Pérez, Vicario prior de este convento, y las demás necesarias, con arreglo a nuestras constituciones, y para dar principio a mi deseo, ordeno mi testamento para morir al siglo, estando por la infinita misericordia de Dios en mi entero y cabal juicio, memoria y entendimiento natural, y con disposición y actitud mis potencias y sentidos, creyendo y confesando, como firmemente creo y confieso, al altísimo, inefable e incomprensible Misterio de la Beatísima Trinidad, Padre, Hijo y Espíritu Santo, tres personas distintas y un solo Dios verdadero, y en todos los demás misterios y sacramentos que cree y confiesa nuestra Santa Madre Iglesia Católica, Apostólica, Romana, en cuya

44

verdadera fe y creencia he vivido, vivo y protesto vivir y morir como católico fiel cristiano: lo otorgo, hago y ordeno en la forma y manera siguiente:

Encomiendo mi alma a Dios Nuestro Señor, que de la nada la creó, y redimió con el precio infinito de su preciosíma sangre; y el cuerpo mando a la tierra de que fue formado, el cual hecho cadáver, mando que sea sepultado en la Iglesia donde me hallare de conventual, o donde asistiese en aquella actualidad, encargando como encargo con humildad y reverencia a los religiosos mis hermanos, me encomienden a Dios Nuestro Señor por caridad.

Declaro que los bienes muebles y raíces, derechos y acciones que me puedan corresponder por herencia o por cualquiera otra razón, los renuncio a favor de mi abuela doña Catalina Nieto, y por fallecimiento de ésta, a favor de mis hermanos por iguales partes, con la precisa condición de que me remedien en aquellas urgencias y necesidades que me ocurran y mi convento no pueda socorrerme por su pobreza, y que por la nuestra carecemos y no son indispensables.

Y por el presente, revoco y anulo todos los testamentos y demás disposiciones testamentarias que antes de ahora haya formalizado por escrito, de palabra o en otra forma, para que ninguno valga, ni haga fe, judicial ni extrajudicialmente, acepto este testamento que quiero y mando se estime y tenga por tal, y se cumpla como mi última deliberada voluntad o en la vía y forma que más haya lugar en derecho. Y así lo dijo, a quien yo el Escribano, doy fe conozco, y lo firmo en el convento de Predicadores de esta ciudad de Mendoza, a seis días del mes de junio de mil ochocientos y dos, siendo testigos don Felipe López, don Alejandro Sánchez y don Francisco Puche, vecinos de ella. - Fray Félix Aldao. Ante mí, Cristóbal Barcala, Escribano Público del Cabildo.

Libros a la carta

A la carta es un servicio especializado para
empresas,
librerías,
bibliotecas,
editoriales
y centros de enseñanza;
y permite confeccionar libros que, por su formato y concepción, sirven a los propósitos más específicos de estas instituciones.

Las empresas nos encargan ediciones personalizadas para marketing editorial o para regalos institucionales. Y los interesados solicitan, a título personal, ediciones antiguas, o no disponibles en el mercado; y las acompañan con notas y comentarios críticos.

Las ediciones tienen como apoyo un libro de estilo con todo tipo de referencias sobre los criterios de tratamiento tipográfico aplicados a nuestros libros que puede ser consultado en Linkgua-ediciones.com.

Linkgua edita por encargo diferentes versiones de una misma obra con distintos tratamientos ortotipográficos (actualizaciones de carácter divulgativo de un clásico, o versiones estrictamente fieles a la edición original de referencia).

Este servicio de ediciones a la carta le permitirá, si usted se dedica a la enseñanza, tener una forma de hacer pública su interpretación de un texto y, sobre una versión digitalizada «base», usted podrá introducir interpretaciones del texto fuente. Es un tópico que los profesores denuncien en clase los desmanes de una edición, o vayan comentando errores de interpretación de un texto y esta es una solución útil a esa necesidad del mundo académico.

Asimismo publicamos de manera sistemática, en un mismo catálogo, tesis doctorales y actas de congresos académicos, que son distribuidas a través de nuestra Web.

El servicio de «libros a la carta» funciona de dos formas.

1. Tenemos un fondo de libros digitalizados que usted puede personalizar en tiradas de al menos cinco ejemplares. Estas personalizaciones pueden ser de todo tipo: añadir notas de clase para uso de un grupo de estudiantes,

introducir logos corporativos para uso con fines de marketing empresarial, etc. etc.

2. Buscamos libros descatalogados de otras editoriales y los reeditamos en tiradas cortas a petición de un cliente.

www.ingramcontent.com/pod-product-compliance
Lightning Source LLC
Chambersburg PA
CBHW030240180626
46810CB00008B/3227